www.karl-mueller-verlag.de

Text und Illustration: Hinrich Altemüller für INTERPILL MEDIA GMBH, Hamburg
Gestaltung: Altemüller Grafik-Design, Pinneberg

Umschlaggestaltung: Kraft & Partner Werbeagentur GmbH
Printed in Hungary

ISBN: 3-89893-558-2

Índice temático • Inhalt

Este/a soy yo • Das bin ich

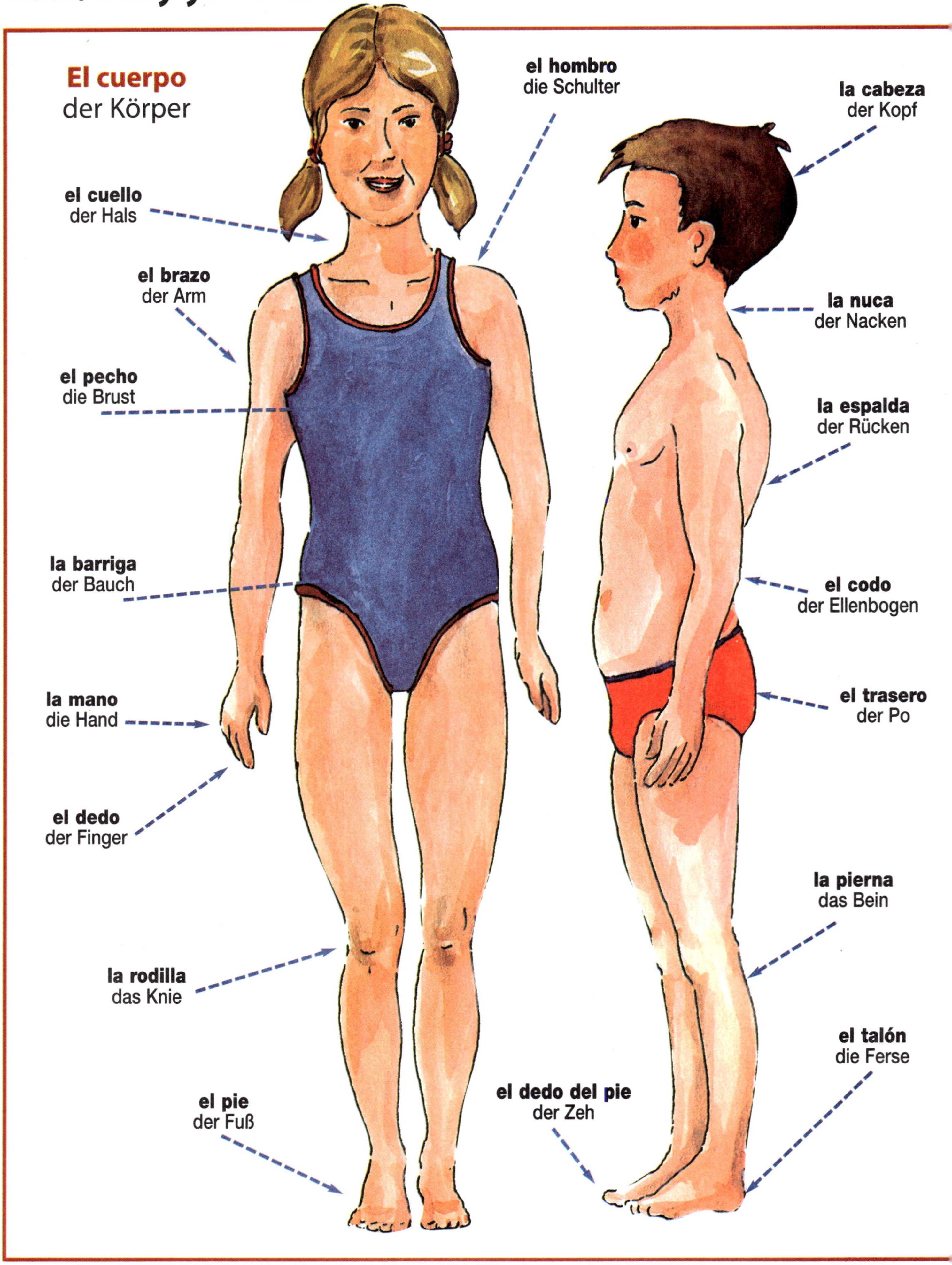

La cara
das Gesicht

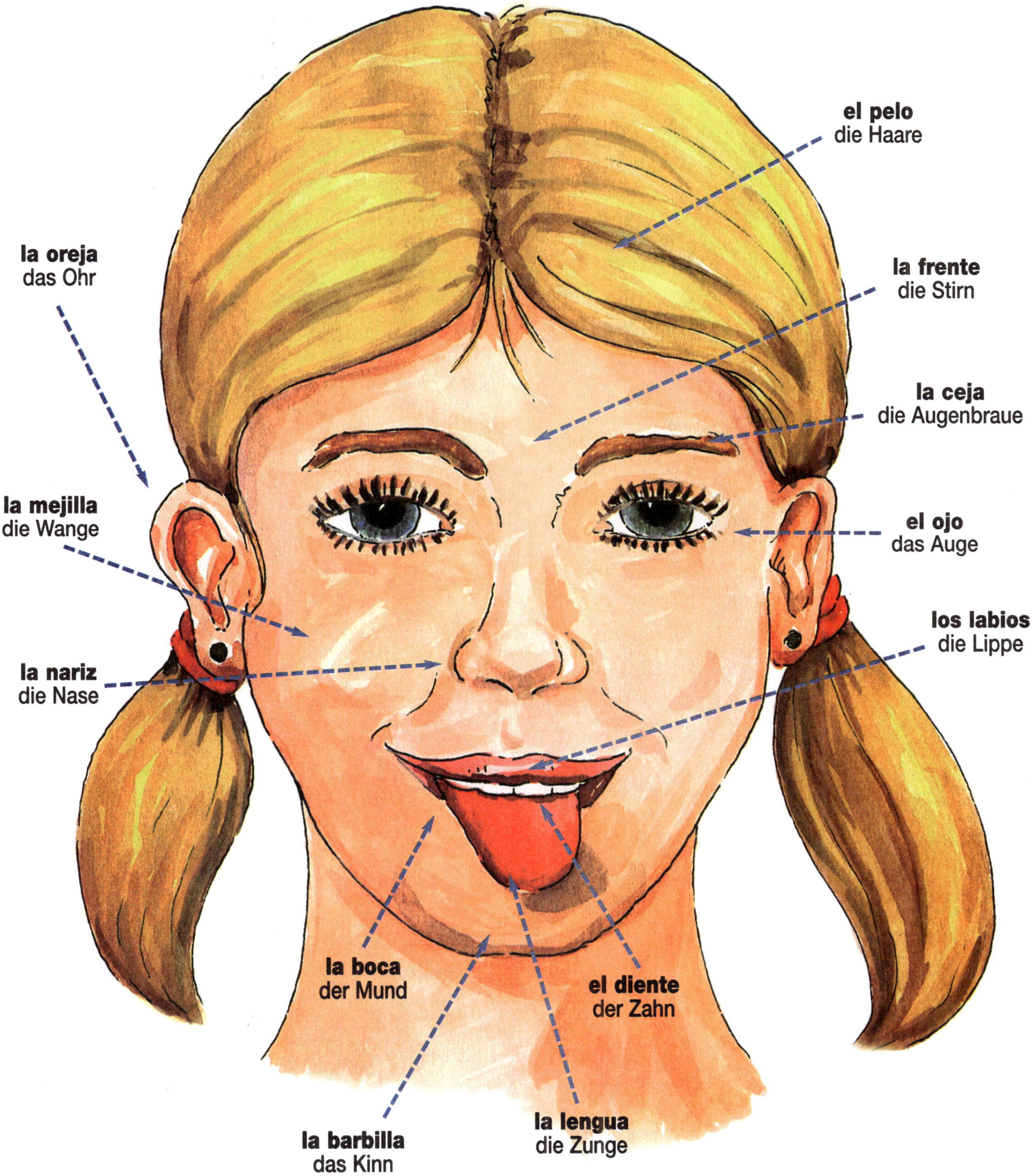

Actividades • Was ich tue

dormir
schlafen

hablar
reden

escuchar
zuhören

llorar
weinen

reír(se)
lachen

ordenar
aufräumen

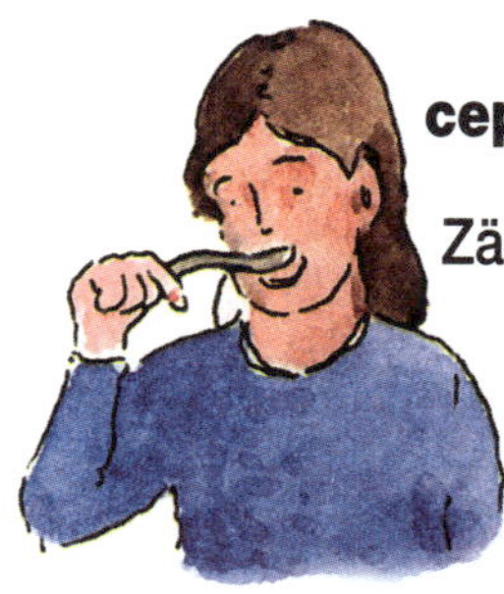

cepillarse los dientes
Zähne putzen

estirar
ziehen

mirar
anschauen

cantar
singen

saltar
springen

contar
rechnen

jugar
spielen

llevar
tragen

estar tumbado
liegen

susurrar
flüstern

gritar
schreien

correr
rennen

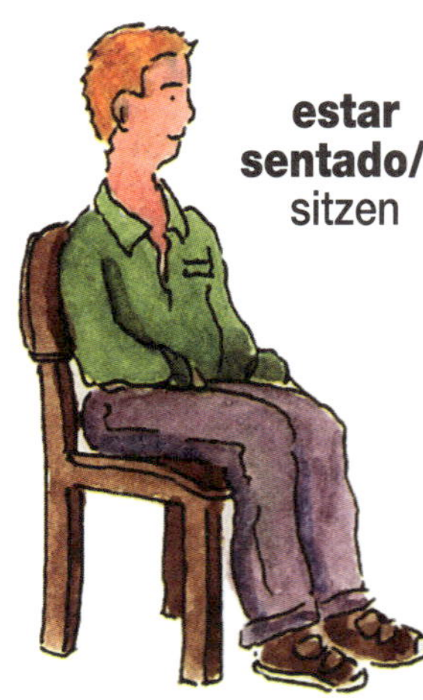

estar sentado/a
sitzen

empujar
schieben

peinarse
kämmen

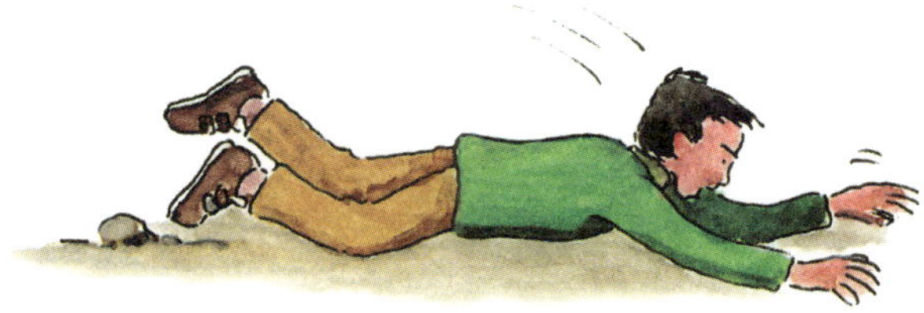

caer
hinfallen

caminar (ir)
gehen

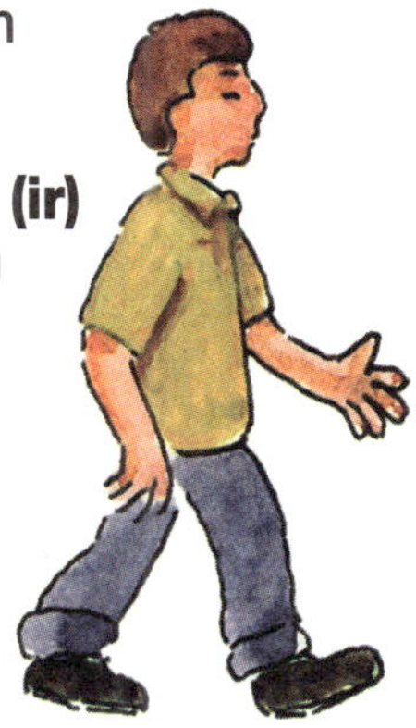

leer
lesen

acariciar
streicheln

tomar
nehmen

dar
geben

beber
trinken

despertarse
aufwachen

coger
fangen

tirar
werfen

lavarse
waschen

estar de pie
stehen

abrazar
umarmen

Mi ropa • Meine Kleidung

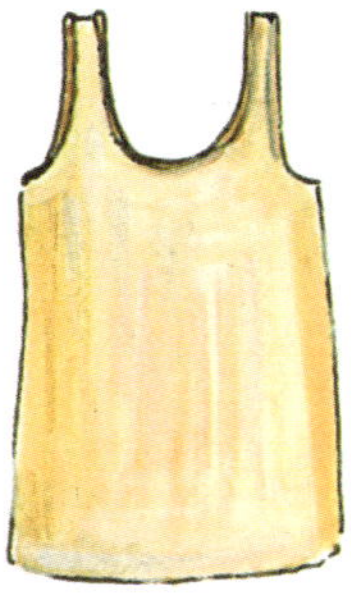

la camiseta interior
das Unterhemd

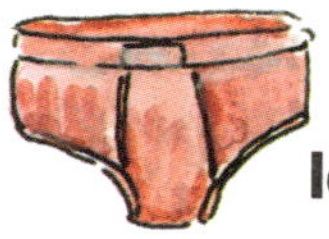

los calzoncillos
die Unterhose

los calcetines
die Socken

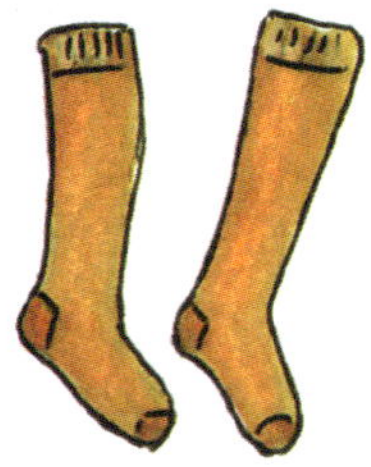

las medias
die Strümpfe

la chaqueta
die Jacke

el suéter
das Sweatshirt

las sandalias
die Sandalen

los leotardos
die Strumpfhose

el anorak
der Anorak

el pantalón de peto
die Latzhose

el cinturón
der Gürtel

la camisa
das Hemd

la pulsera
das Armband

los vaqueros
die Jeans

el traje de baño
der Badeanzug

las botas de agua
die Gummistiefel

el botón
der Knopf

los zapatos
die Schuhe

el pijama
der Schlafanzug

la gorra
die Mütze

los guantes
die Handschuhe

las zapatillas de deporte
die Turnschuhe

el jersey
der Pullover

la blusa
die Bluse

la bufanda
der Schal

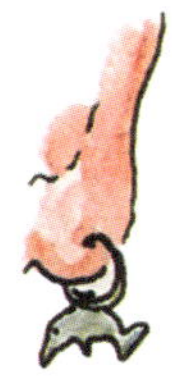

el pendiente
der Ohrring

la camiseta
das T-Shirt

la cremallera
der Reißverschluss

el camisón
das Nachthemd

el reloj de pulsera
die Armbanduhr

el anillo
der Ring

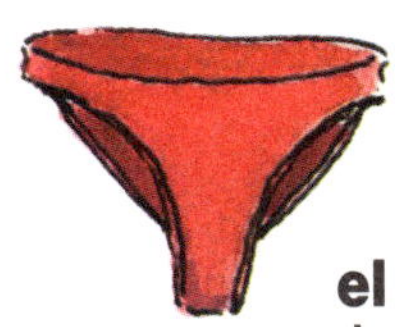

el bikini
der Bikini

las gafas
die Brille

la falda
der Rock

el abrigo
der Mantel

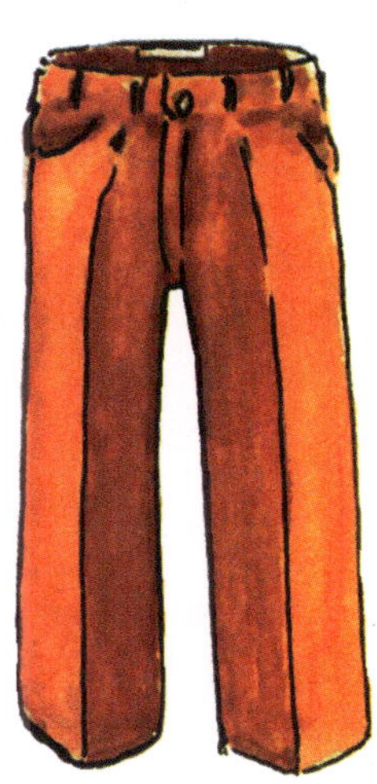

el pantalón
die Hose

el pantalón corto
die kurze Hose

las zapatillas
die Hausschuhe

En nuestra casa • In unserem Haus

el sillón
der Sessel

la lavadora
die Waschmaschine

la escoba
der Besen

la secadora para ropa
der Wäschetrockner

la regadera
die Gießkanne

el destornillador
der Schraubenzieher

la cesta para la ropa
der Wäschekorb

el manojo de llaves
das Schlüsselbund

el buzón
der Briefkasten

la fregona
der Wischmopp

el cubo de la basura
der Mülleimer

el aspirador
der Staubsauger

el felpudo
die Fußmatte

el cubo
der Eimer

los alicates
die Zange

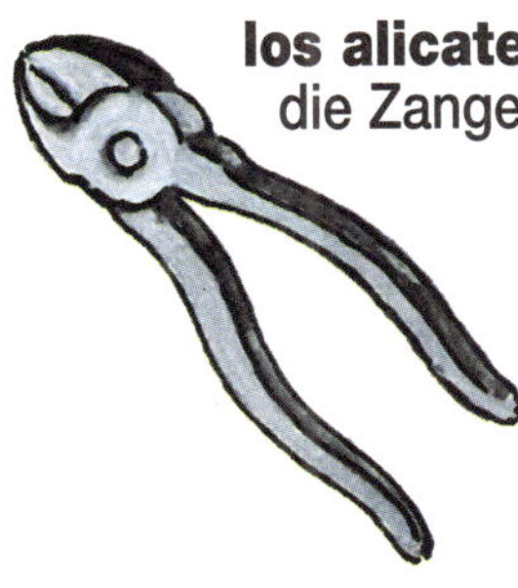

el martillo
der Hammer

En mi cuarto de niños • In meinem Kinderzimmer

el títere
die Handpuppe

la gameboy
der Gameboy

la guitarra
die Gitarre

el osito de peluche
der Teddybär

el xilófono
das Xylophon

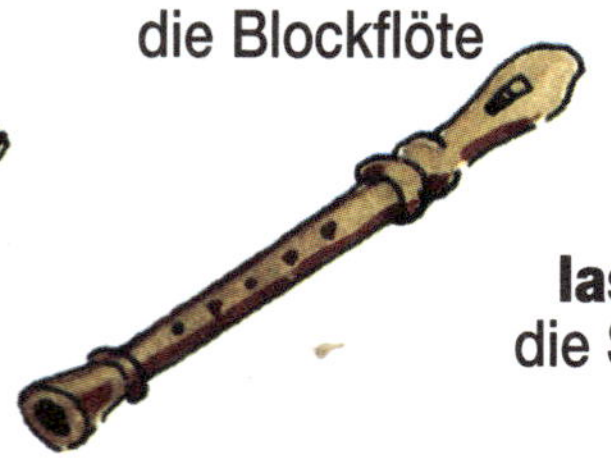
la flauta dulce
die Blockflöte

las piezas
die Spielsteine

el puzzle
das Puzzle

la marioneta
die Marionette

el juego de construcción
die Legosteine

el caballito
das Steckenpferd

la muñeca
die Puppe

el cochecito de muñecas
der Puppenwagen

los cubos
die Bauklötze

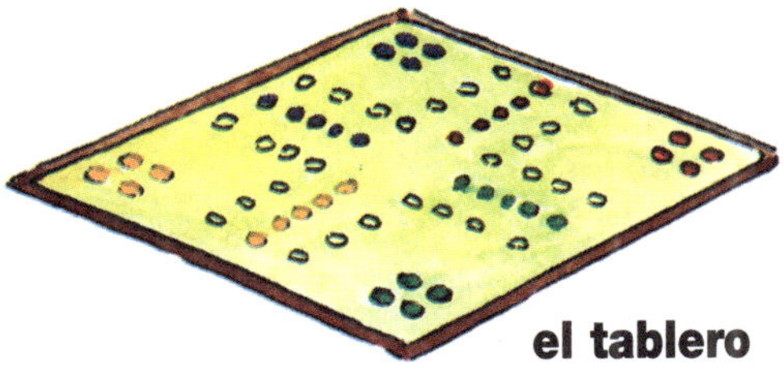

el tablero
das Spielbrett

las cartas
das Kartenspiel

los dados
der Würfel

En nuestra sala • In unserem Wohnzimmer

la bombilla
die Glühbirne

el libro
das Buch

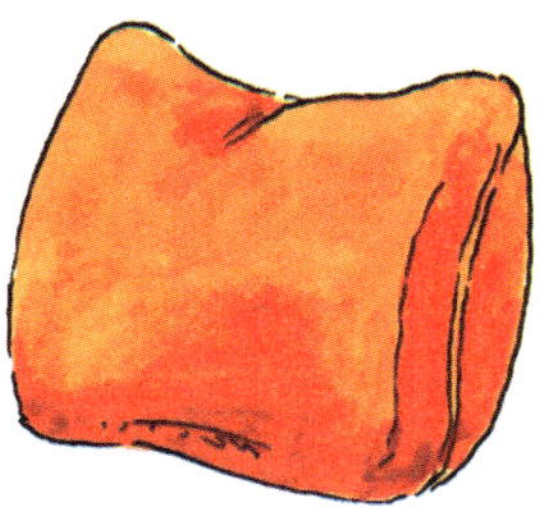

el cojín
das Kissen

la revista
die Zeitschrift

la radio
das Radio

la cinta
die Kassette

el compact disc
der CD-Spieler

la cinta de vídeo
die Videokassette

el enchufe
die Steckdose

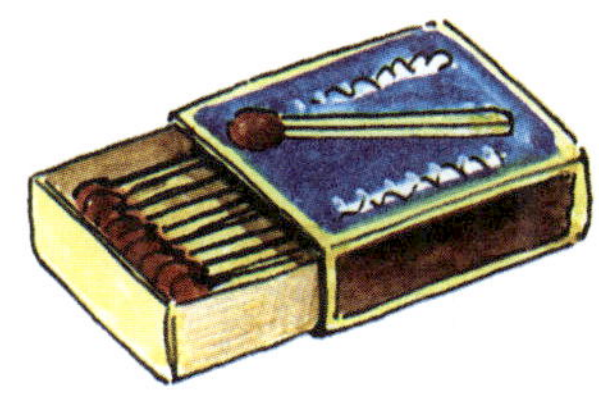

las cerillas
die Streichhölzer

el CD
die CD

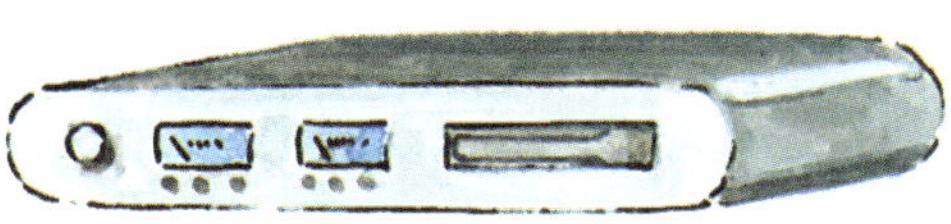

el casete
der Kassettenrekorder

el mando a distancia
die Fernbedienung

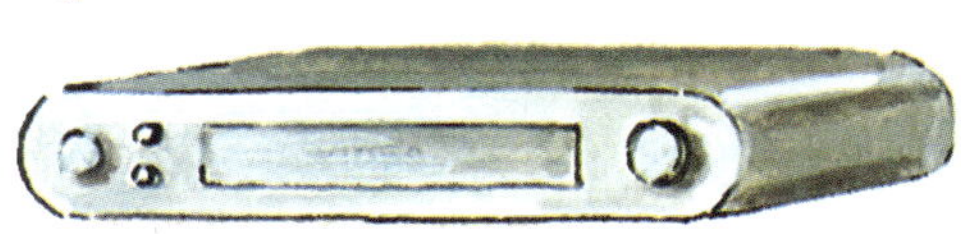

el vídeo
der Videorekorder

En nuestra cocina • In unserer Küche

la taza
die Tasse

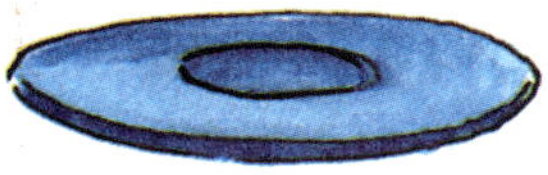

el platillo
die Untertasse

el cucharón
die Suppenkelle

el colador
das Sieb

el molde para pasteles
die Kuchenform

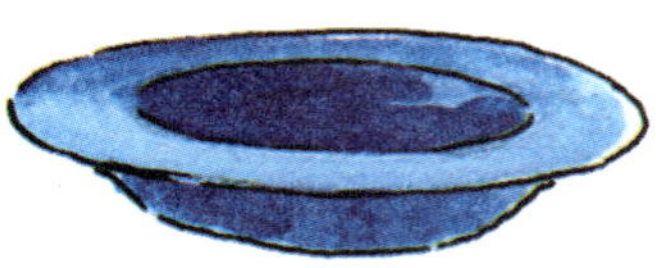

el plato hondo
der Suppenteller

la sartén
die Pfanne

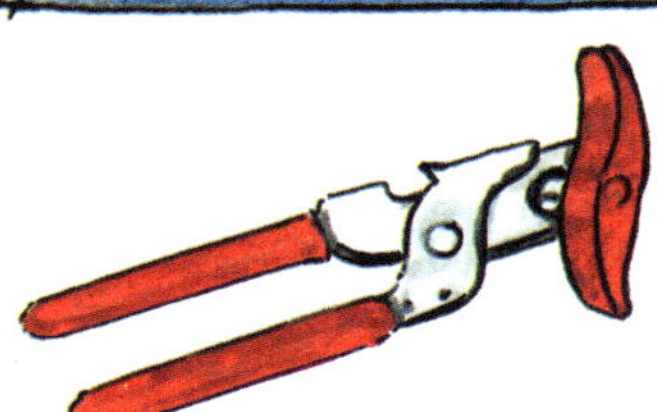

el abrelatas
der Dosenöffner

la huevera
der Eierbecher

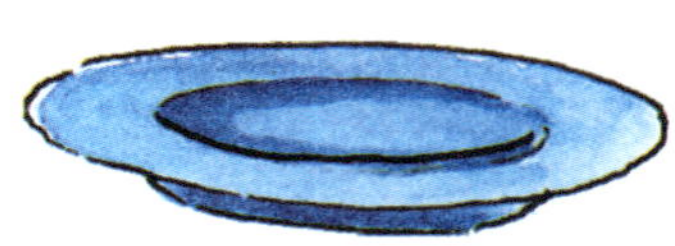

el plato
der Teller

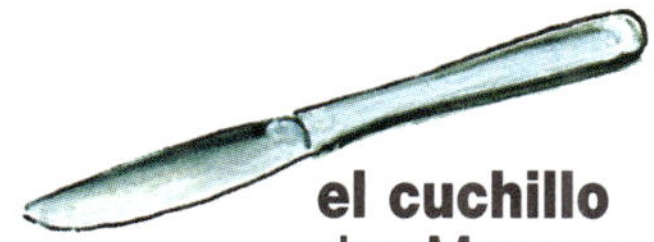

el cuchillo
das Messer

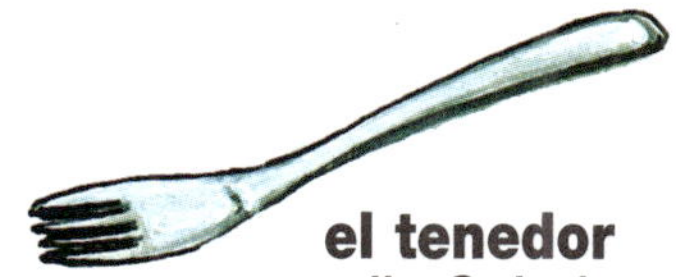

el tenedor
die Gabel

la cuchara
der Esslöffel

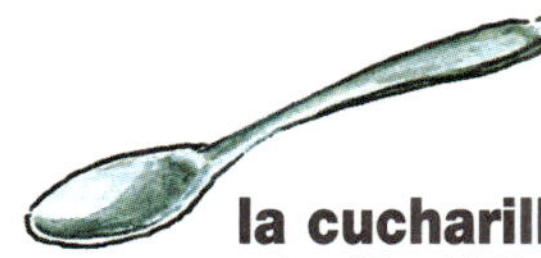

la cucharilla
der Teelöffel

el vaso
der Becher

las varillas
der Schneebesen

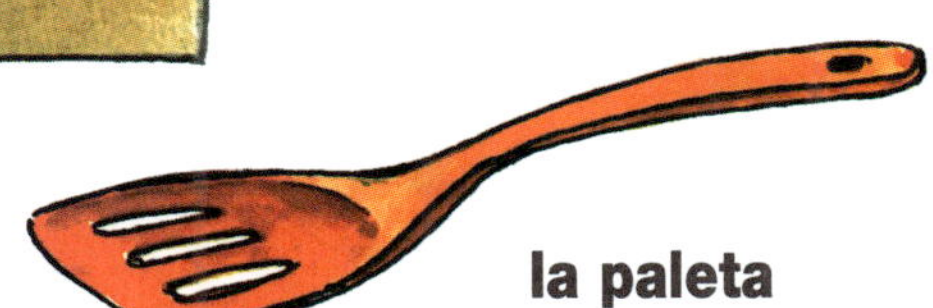

la paleta
der Pfannenwender

la esponja
der Schwamm

el cepillo
die Bürste

el sacacorchos
der Korkenzieher

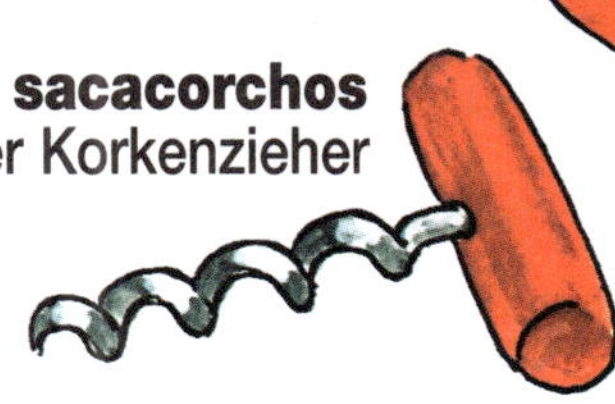

Comiendo • Beim Essen

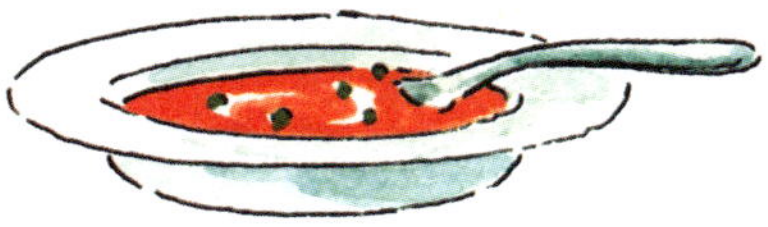

la sopa
die Suppe

el helado
das Eis

las patatas fritas
die Pommes Frites

las barritas de pescado
die Fischstäbchen

la mostaza
der Senf

el pollo
das Hähnchen

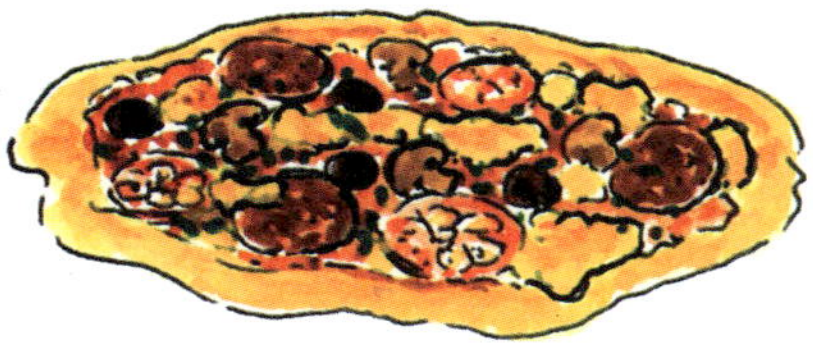

la pizza
die Pizza

la sal y la piemienta
das Salz und
der Pfeffer

el escalope
das Schnitzel

el pastel
der Kuchen

el zumo
der Saft

el arroz
der Reis

la hamburguesa
der Hamburger

los espaguetis
die Spagetti

la salsa
die Soße

la ensalada
der Salat

la verdura
das Gemüse

Nuestro cuarto de baño • Unser Badezimmer

el cepillo
die Bürste

el vaso para el cepillo de dientes
der Zahnputzbecher

el neceser
der Waschbeutel

el perfume
das Parfüm

la máquina de afeitar
der Rasierapparat

el desodorante
das Deodorant

el jabón
die Seife

la barra de labios
der Lippenstift

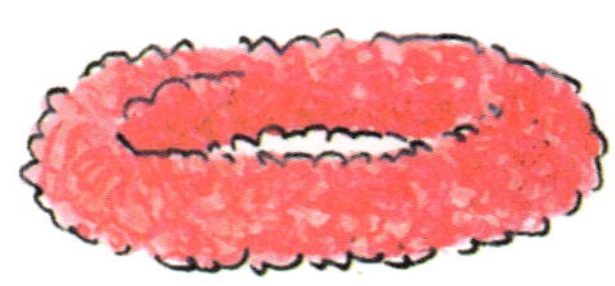

la goma
das Haargummi

la loción
das Rasierwasser

la crema
die Creme

el estuche de manicura
das Nageletui

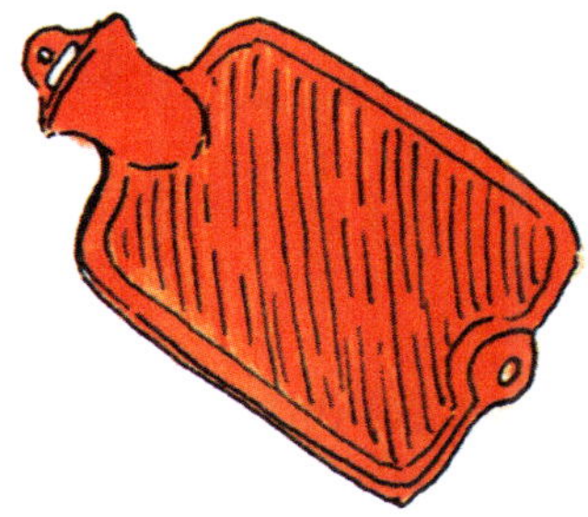

el calentador
die Wärmflasche

el baño de espuma
das Schaumbad

el grifo
der Wasserhahn

el cepillo de dientes
die Zahnbürste

la pasta de dientes
die Zahnpasta

En nuestra ciudad • In unserer Stadt

la columna de anuncios
die Litfaßsäule

el buzón
der Briefkasten

la señal indicadora de población
das Ortsschild

la bicicleta
das Fahrrad

el contenedor de basuras
der Müllcontainer

la parada
die Haltestelle

el pintor ambulante
der Straßenmaler

el parquímetro
die Parkuhr

el policía
der Polizist

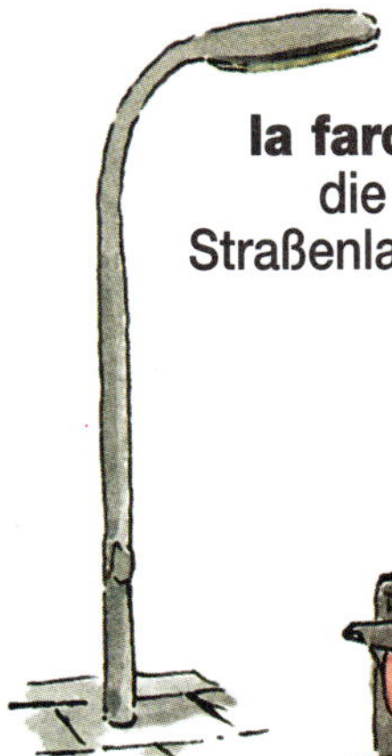

la farola
die Straßenlaterne

el semáforo
die Ampel

el músico ambulante
der Straßenmusikant

la cabina telefónica
die Telefonzelle

el taxi
das Taxi

En el colegio • In der Schule

el borrador
der Radiergummi

la cinta adhesiva
der Tesafilm

el pegamento
der Klebstoff

el certificado
das Zeugnis

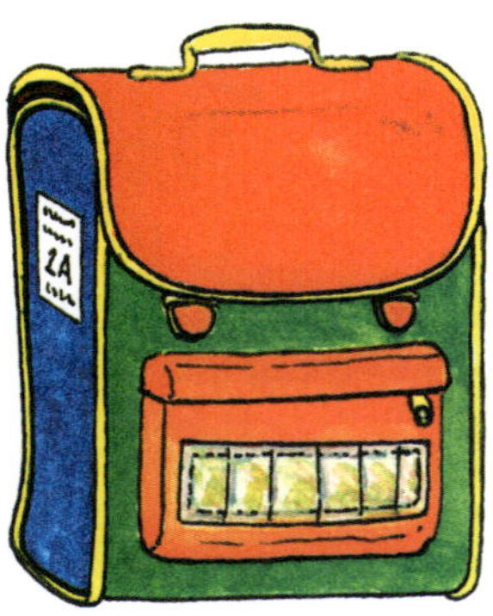

la mochila
der Schulranzen

las tijeras
die Schere

la carpeta
der Ordner

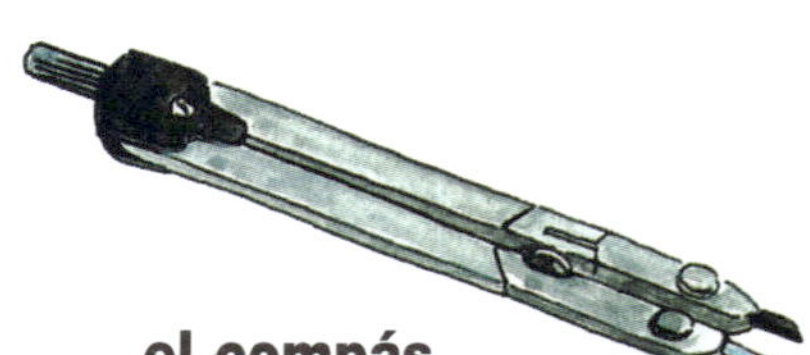

el compás
der Zirkel

el sacapuntas
der Anspitzer

el libro de texto
das Schulbuch

el bocadillo
das Pausenbrot

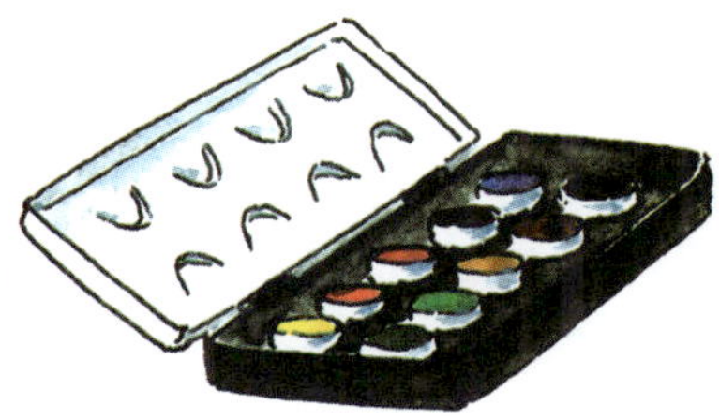

la caja de pinturas
der Farbkasten

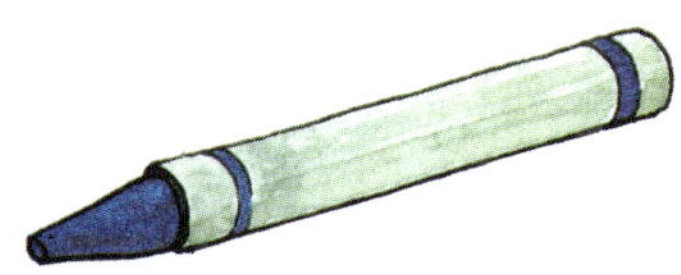

el lápiz de cera
der Wachsmalstift

la regla
das Lineal

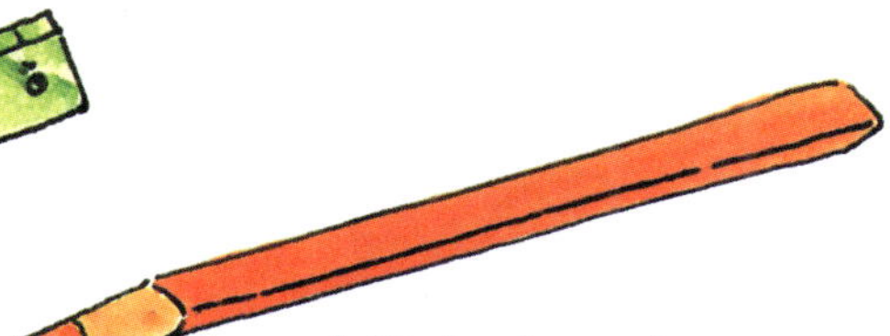

el lápiz de color
der Buntstift

el portaplumas
das Federmäppchen

En el supermercado • Im Supermarkt

la pasta
die Nudeln

las judías verdes
die Bohne

las galletas
die Kekse

el chocolate
die Schokolade

los caramelos
die Bonbons

la zanahoria
die Mohrrübe

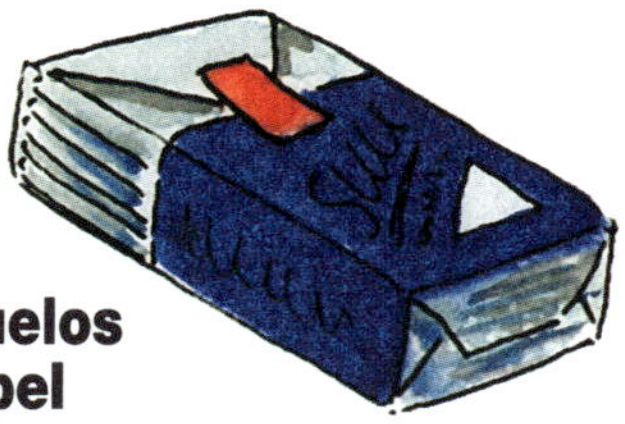

los pañuelos de papel
die Papiertaschentücher

el limón
die Zitrone

el yogur
der Jogurt

la harina
das Mehl

la cereza
die Kirsche

la piruleta
der Lutscher

la nata
die Sahne

la botella
die Flasche

la fresa
die Erdbeere

los guisantes
die Erbsen

el melocotón
der Pfirsich

la pera
die Birne

la sal
das Salz

En el zoo • Im Zoo

el cocodrilo
das Krokodil

el plátano
die Banane

la bebida
das Getränk

la serpiente
die Schlange

la cámara fotográfica
der Fotoapparat

la entrada
die Eintrittskarte

el conejillo de Indias
das Meerschweinchen

la salchicha
das Würstchen

la mariposa
der Schmetterling

la gorra
die Kappe

el pez
der Fisch

el cubo de la basura
der Abfalleimer

el helado
das Eis

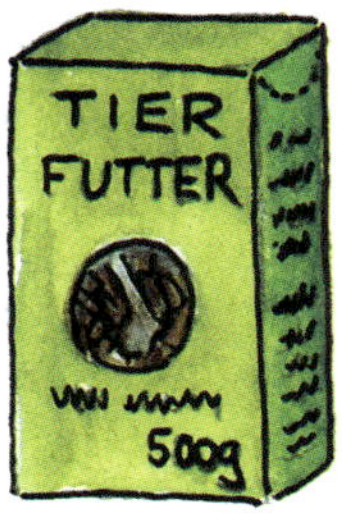

la comida para animales
die Tiernahrung

la araña avicular
die Vogelspinne

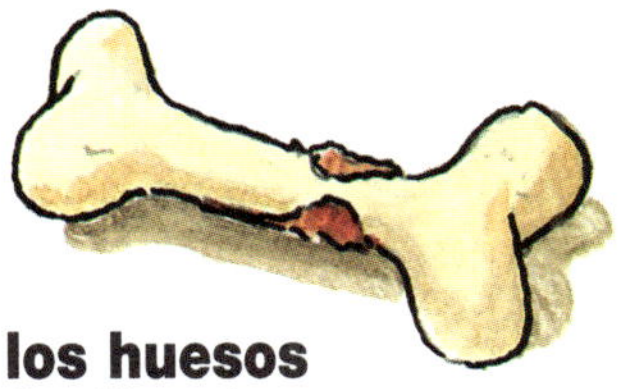

los huesos
der Knochen

En primavera en la granja • Im Frühling auf dem Bauernhof

el caballo
das Pferd

el potro
das Fohlen

el cerdo
das Schwein

el cerdito
das Ferkel

el perro
der Hund

el ganso
die Gans

el pato
die Ente

el pavo
der Truthahn

el conejo
das Kaninchen

la oveja
das Schaf

el cordero
das Lamm

el gato
die Katze

el gallo
der Hahn

la vaca
die Kuh

el ternero
das Kalb

el toro
der Stier

el pollito
das Küken

la gallina
das Huhn

En verano en la playa • Am Strand

el cubo
der Sandeimer

la gamba
die Garnele

la pelota de playa
der Wasserball

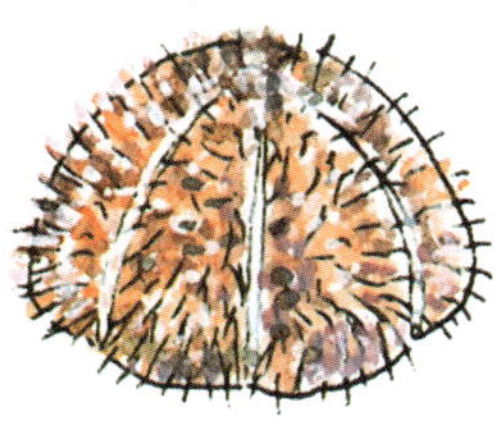

el erizo de mar
der Seeigel

la foca
der Seehund

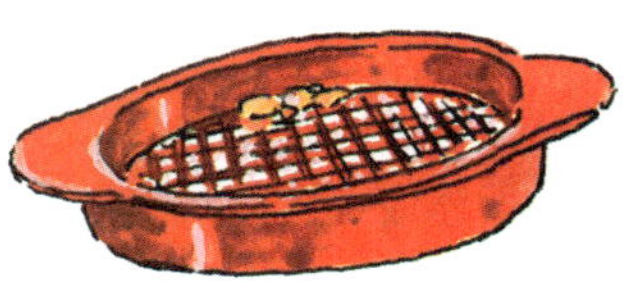

la criba
das Sieb

la solla
die Scholle

las gafas de sol
die Sonnenbrille

la pala
die Sandschaufel

la medusa
die Qualle

el molde para la arena
die Sandform

el cangrejo de playa
die Strandkrabbe

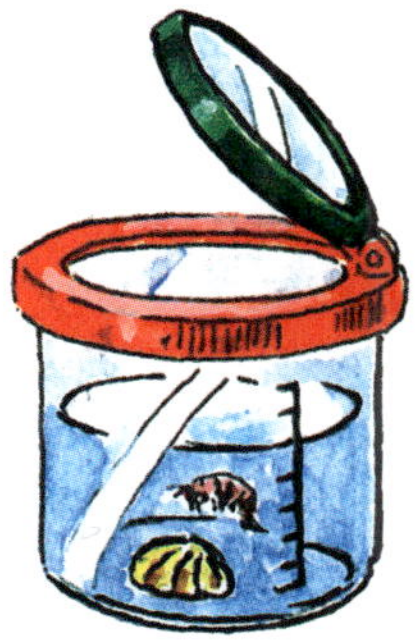

la lupa
die Lupe

las algas marinas
der Seetang

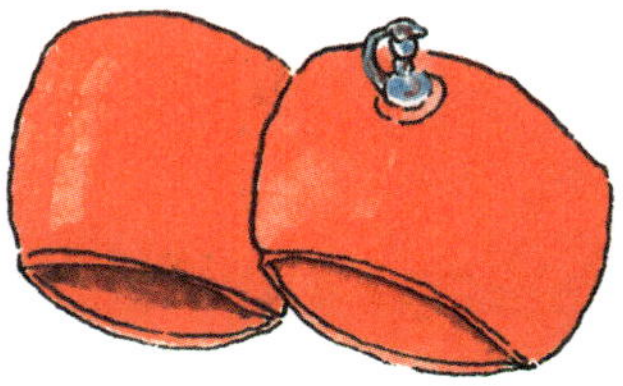

los flotadores de brazo
die Schwimmflügel

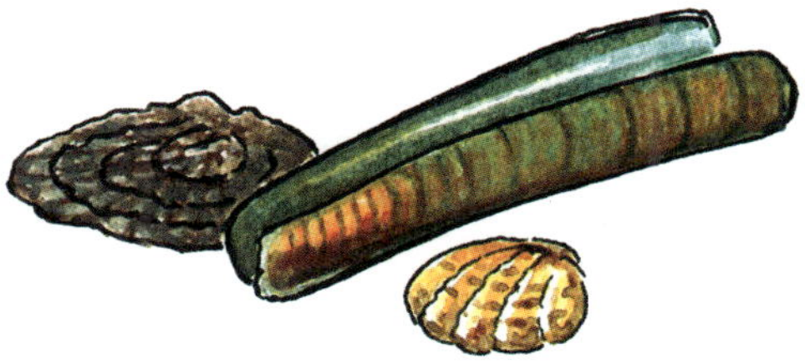

las conchas
die Muscheln

El bosque y el prado en otoño • Wald und Wiese im Herbst

el cisne
der Schwan

la rana
der Frosch

la liebre
der Hase

la corza
das Reh

el lagarto
die Eidechse

la flor
die Blüte

la castaña
die Kastanie

la hierba
das Gras

la araña
die Spinne

el zorro
der Fuchs

el topo
der Maulwurf

las setas
die Pilze

el erizo
der Igel

la manzana
der Apfel

el gusano
der Regenwurm

la hoja
das Blatt

la bellota
die Eichel

En invierno en las montañas • Im Winter in den Bergen

el hombre de nieve
der Schneemann

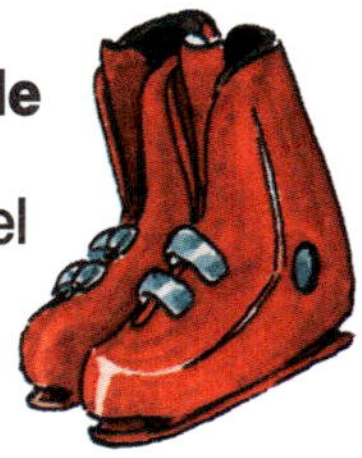

las botas de esquiar
die Skistiefel

la pala para quitar la nieve
der Schneeschieber

el abeto
die Tanne

el snowboard
das Snowboard

la pierna enyesada
das Gipsbein

la cornamenta
das Geweih

el carámbano
die Eiszapfen

la patinadora sobre hielo
die Schlittschuh-läuferin

los esquís
die Skier

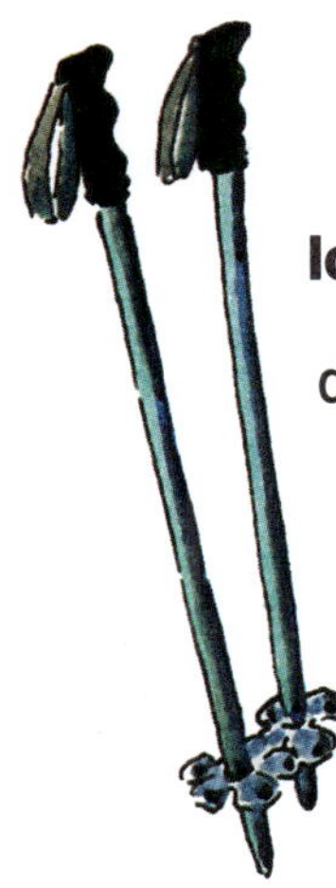

los bastones de esquí
die Skistöcke

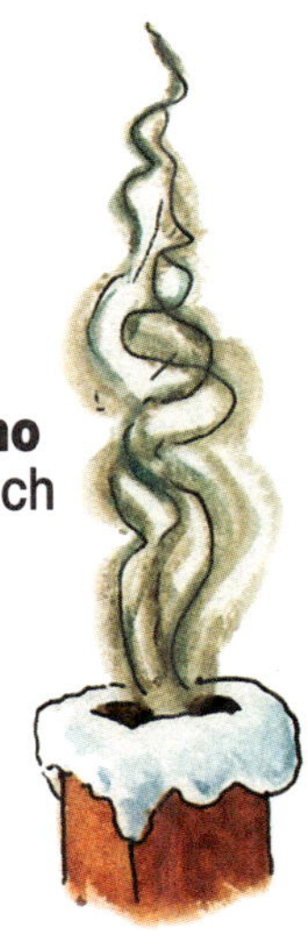

el humo
der Rauch

el perro de San Bernado
der Bernhardiner

la bola de nieve
der Schneeball

el trineo
der Schlitten

Mi familia • Meine Familie

En el aire • In der Luft

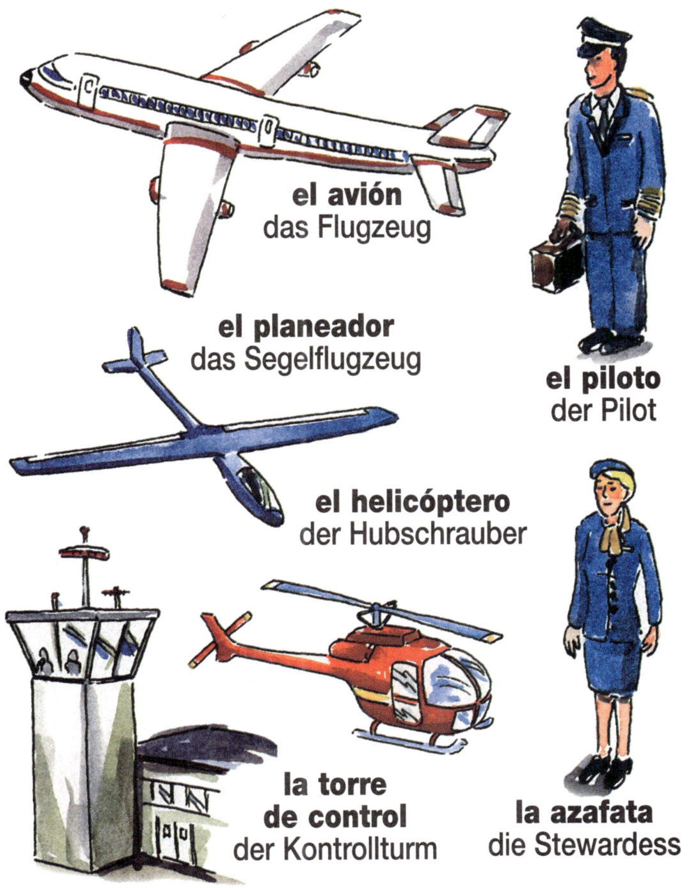

el avión
das Flugzeug

el planeador
das Segelflugzeug

el piloto
der Pilot

el helicóptero
der Hubschrauber

la torre de control
der Kontrollturm

la azafata
die Stewardess

En la calle • Auf der Straße

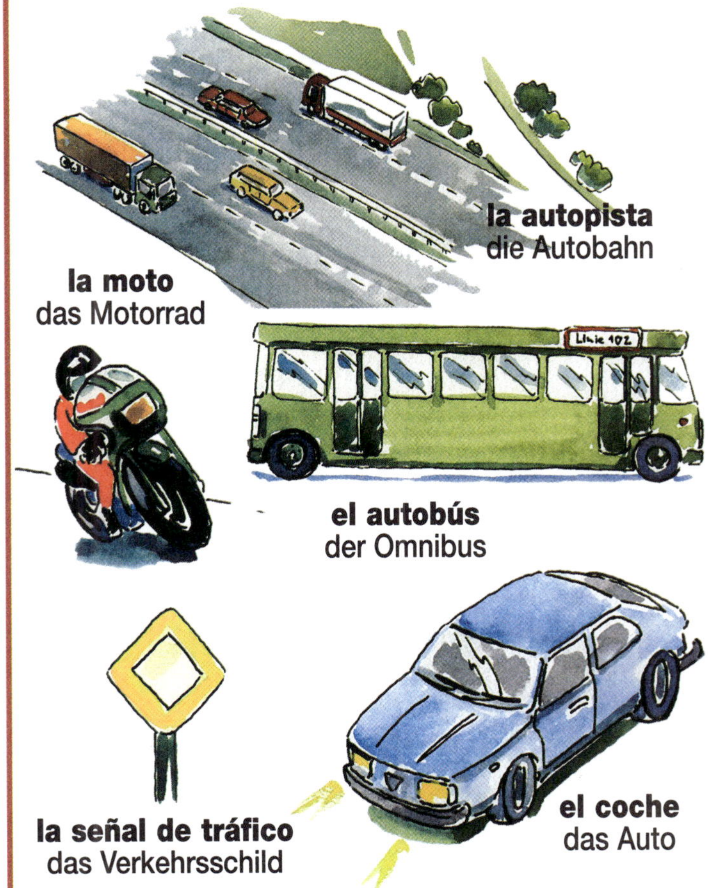

la autopista
die Autobahn

la moto
das Motorrad

el autobús
der Omnibus

la señal de tráfico
das Verkehrsschild

el coche
das Auto

Sobre carriles • Auf den Schienen

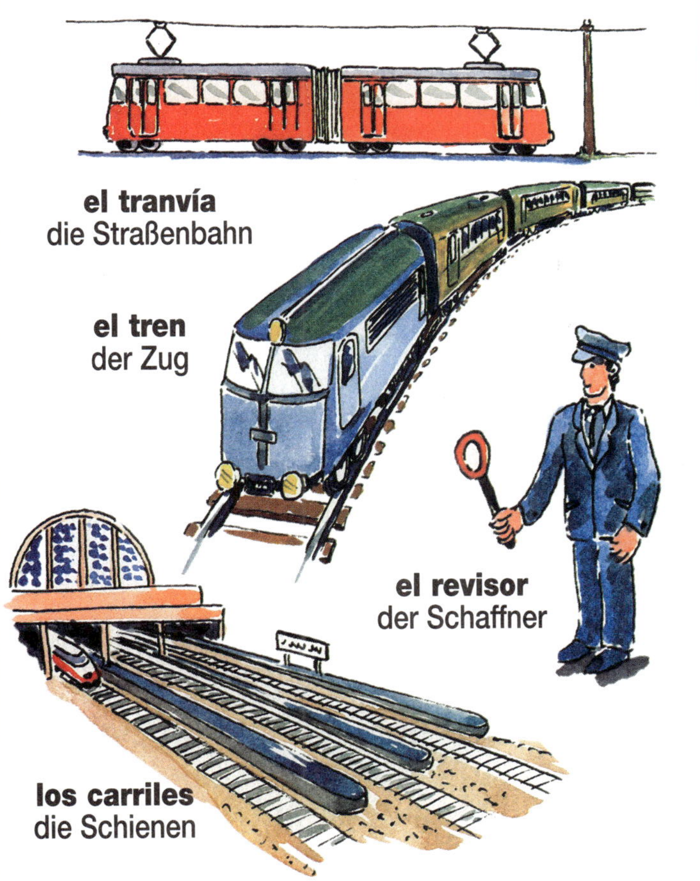

el tranvía
die Straßenbahn

el tren
der Zug

el revisor
der Schaffner

los carriles
die Schienen

En el agua • Auf dem Wasser

el puerto
der Hafen

el barco
das Schiff

el ferry
die Fähre

el capitán
der Kapitän

el hovercraft
das Luftkissenboot

el marinero
der Matrose

el yate
das Motorboot

Palabras opuestas • Gegensätze

mojado/a
nass

seco/a
trocken

feo/a
hässlich

bello/a
schön

enfermo/a
krank

sano
gesund

corto/a
kurz

largo/a
lang

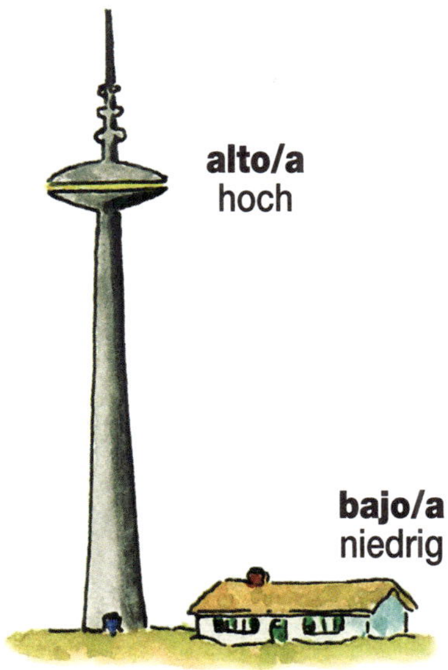

alto/a
hoch

bajo/a
niedrig

frío/a
kalt

caliente
heiß

duro/a
hart

blando/a
weich

triste
traurig

alegre
fröhlich

primero/a
Erster

último/a
Letzter

La hora y los días de la semana • Uhrzeit und Wochentage

La semana • die Woche

lunes martes miércoles jueves viernes sábado domingo

una semana = siete días
eine Woche = 7 Tage

La hora • die Uhrzeit

la hora
die Uhr

el minutero
der kleine Zeiger

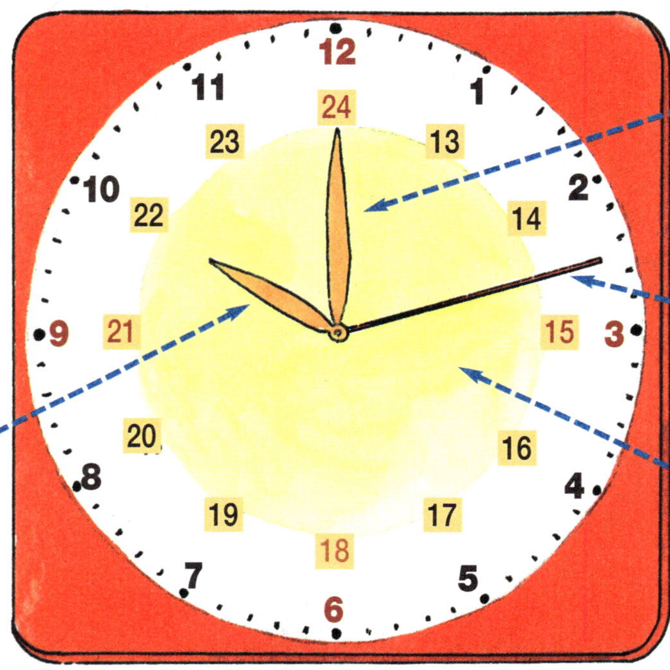

la aguja de las horas
der große Zeiger

el segundero
der Sekundenzeiger

la esfera
das Zifferblatt

un día = 24 horas
ein Tag = 24 Stunden

una hora = 60 minutos
eine Stunde = 60 Minuten

un minuto = 60 segundos
eine Minute = 60 Sekunden

las ocho
acht Uhr

las ocho y veinte
zwanzig nach acht

las ocho y cuarto
viertel nach acht

las ocho y media
halb neun

las nueve menos cinco
fünf vor neun

las ocho menos cuarto
viertel vor acht

Los números • Zahlen

1 **uno** / eins | **2** **dos** / zwei | **3** **tres** / drei | **4** **cuatro** / vier | **5** **cinco** / fünf

6 **seis** / sechs | **7** **siete** / sieben | **8** **ocho** /acht | **9** **nueve** / neun | **10** **diez** / zehn

11 **once** / elf | **12** **doce** / zwölf | **13** **trece** / dreizehn | **14** **catorce** / vierzehn | **15** **quince** / fünfzehn

16 **dieciséis** / sechzehn | **17** **diecisiete** / siebzehn | **18** **dieciocho** / achtzehn | **19** **diecinueve** / neunzehn | **20** **veinte** / zwanzig

Lista de palabras • Wörterliste

Allgemeine Hinweise zur Aussprache

Sprich das s immer „stimmlos", das heißt wie bei Bus oder Wasser, nie „stimmhaft" wie bei summen
Das $-Zeichen bedeutet, dass Du ein z sprichst und die Zunge zwischen die Zähne steckst (wie beim „th" im Englischen).
Achte auf die Betonungen. Das sind die fett gedruckten Buchstaben. Dort wird das Wort betont.

Sprich das „b" in der Lautschrift immer ganz weich, indem Du nur einmal kurz die Lippen schließt.
Das „r" wird im Spanischen gerollt. Die Zunge geht dabei an den Gaumen, hinter die Zähne.
Das „rr" und das „r" am Anfang eines Wortes werden stark gerollt.
Die anderen Mitlaute (b, d, t) werden im Spanischen ganz weich ausgesprochen.

A

Abfalleimer	el cubo de la basura [kubo de la basura]	29
acht	ocho [otscho]	43
achtzehn	dieciocho [die$iocho]	43
Affe	el mono [mono]	28
Ameisenhaufen	el hormiguero [ormigäro]	35
Ampel	el semáforo [semaforo]	23
Anhänger	el remolque [remolke]	30
Anorak	el anorak [anorak]	8
anschauen	mirar [mirar]	6
Anspitzer	el sacapuntas [sakapuntas]	25
Apfel	la manzana [man$ana]	35
Apotheke	la farmacia [farma$ia]	22
Arm	el brazo [bra$o]	4
Armband	la pulsera [pulsera]	8
Armbanduhr	el reloj de pulsera [reloch de pulsera]	9
Ast	la rama [rama]	35
aufräumen	ordenar [ordenar]	6
aufwachen	despertarse [despertarse]	7
Auge	el ojo [ocho]	5
Augenbraue	la ceja [$echa]	5
Auto	el coche [kotsche]	39
Autobahn	la autopista [autopista]	39

B

Backofen	el horno [orno]	17
Badeanzug	el traje de baño [trache de banjo]	8
Bademantel	el albornoz [el alborno$]	20
Badewanne	la bañera [banjera]	21
Bäckerei	la panadería [panaderia]	26
Bäuerin	la campesina [kampesina]	30
Balkon	el balcón [balkon]	11
Ball	la pelota [pelota]	13
Banane	el plátano [platano]	28
Bank	el banco [banko]	22
Bauch	la barriga [barriga]	4
Bauer	el campesino [kampesino]	31
Bauernhaus	la casa de labranza [kasa de labran$a]	30
Bauklötze	los cubos [kubos]	13
Baum	el árbol [arbol]	35
Becher	el vaso [baso]	17
Beet	el arriate [arriate]	11
Bein	la pierna [pjerna]	4
Bernhardiner	el perro de San Bernado [perro de San Bernado]	37
Besen	la escoba [eskoba]	10
Bett	la cama [kama]	12
Bettdecke	el edredón [edredon]	12
Bikini	el bikini [bikini]	9
Bild	el cuadro [kuadro]	14
Birne	la pera [pera]	27
Blatt	la hoja [ocha]	25/35
Blockflöte	la flauta dulce [flauta dul$e]	12
Blüte	la flor [flor]	34
Blumenladen	la floristería [floristeria]	22
Bluse	la blusa [blusa]	9
Bohne	las judías verdes [chudias berdes]	26
Bonbons	los caramelos [karamelos]	26
Brett	la tabla [tabla]	17
Briefkasten	el buzón [bu$on]	11/22
Brille	las gafas [gafas]	9
Brötchen	los panecillos [pane$ijos]	18
Brot	el pan [pan]	18
Brücke	el puente [puente]	34
Brust	el pecho [petscho]	4
Buch	el libro [libro]	14
Buchstabe	la letra [letra]	24
Büro	la oficina [ofi$ina]	22
Bürste	el cepillo [$epijo]	17/20
Buntstift	el lápiz de color [lapi$ de kolor]	25

C

Café	el café [kafe]	23
CD	el CD [$ede]	15
CD-Spieler	el compact disc [kompakt disk]	14
Comicheft	los tebeos [tebeos]	13
Computer	el ordenador [ordenador]	13
Cousin	el primo [primo]	38
Cousine	la prima [prima]	38
Creme	la crema [krema]	21

D

Dach	el tejado [tächado]	30
Dachboden	la buhardilla [buardija]	10
Deodorant	el desodorante [desodorante]	20
dick	gordo/a [gordo/a]	40
Dienstag	martes [martes]	42
Donnerstag	jueves [chuebes]	42
Dorf	el pueblo [pueblo]	35
Dosenöffner	el abrelatas [abrelatas]	16
Drachen	la cometa [kometa]	33/34
drei	tres [tres]	43
dreizehn	trece [tre$e]	43
Düne	la duna [duna]	32
dünn	delgado/a [delgado/a]	40
Dusche	la ducha [dutscha]	21
Duschvorhang	la cortina de ducha [kortina de dutscha]	21

E

Ei	el huevo [uebo]	19
Eichel	la bellota [bejota]	35
Eidechse	el lagarto [lagarto]	34
Eierbecher	la huevera [uebera]	16
Eimer	el cubo [kubo]	11
Eingang	la entrada [entrada]	28
Einkaufswagen	el carrito [karrito]	27
eins	uno [uno]	43
Eintrittskarte	la entrada [entrada]	28
Eis	el helado [elado]	18/29
Eisbär	el oso polar [oso polar]	28
Eiszapfen	el carámbano [karambano]	36
Elefant	el elefante [elefante]	29
elf	once [on$e]	43
Ellenbogen	el codo [kodo]	4
Ente	el pato [pato]	30
Erbsen	los guisantes [gisantes]	27
Erdbeere	la fresa [fresa]	27
Erster	primero/a [primero/a]	41
Esslöffel	la cuchara [kutschara]	17

F

Fähre	el ferry [ferri]	39
Fahrrad	la bicicleta [bi$ikläta]	22

Familie	la familia [familija]	29
fangen	coger [kocher]	7
Farbkasten	la caja de pinturas [kacha de pinturas]	25
Federmäppchen	el portaplumas [portaplumas]	25
Feld	el campo [kampo]	31
Ferkel	el cerdito [$erdito]	30
fern	lejos [lechos]	40
Fernbedienung	el mando a distancia [mando a distan$ja]	15
Fernseher	el televisor [telebisor]	14
Ferse	el talón [talon]	4
Feuer	el fuego [fuego]	15
Finger	el dedo [dedo]	4
Fisch	el pez [pes]	29
Fischkutter	la barca de pesca [barka de peska]	32
Fischstäbchen	las barritas de pescado [barritas de peskado]	18
Flasche	la botella [boteja]	27
Fleisch	la carne [karne]	27
Fliesen	los azulejos [a$ulechos]	20
flüstern	susurrar [susurrar]	6
Flugzeug	el avión [avjon]	39
Fluss	el río [rio]	34
Föhn	el secador de pelo [sekador de pelo]	20
Fohlen	el potro [potro]	30
Foto	la foto [foto]	14
Fotoapparat	la cámara fotográfica [kamara fotografika]	28
Frau	la mujer [mucher]	14
Freitag	viernes [bjernes]	42
Friseur	el peluquero [pelukero]	22
fröhlich	alegre [alegre]	41
Frosch	la rana [rana]	34
Frühling	la primavera [primabera]	30
Fuchs	el zorro [$orro]	35
fünf	cinco [$inko]	43
fünfzehn	quince [kin$e]	43
Fuß	el pie [pje]	4
Fußgänger	el peatón [peaton]	22
Fußgängerzone	la zona peatonal [$ona peatonal]	23
Fußmatte	el felpudo [lfelpudo]	11
Futterkrippe	el pesebre [pesebre]	35

G

Gabel	el tenedor [tenedor]	17
Gameboy	la gameboy	12
Gans	el ganso [ganso]	30
Garage	el garaje [garache]	10
Garnele	la gamba [gamba]	32
Garten	el jardín [chardin]	30
geben	dar [dar]	7
Gefrierschrank	el congelador [koncheladdor]	17
gehen	caminar (ir) [kaminar]	7
Gehweg	la acera [a$era]	23
Gemüse	la verdura [berdura]	19/27
Geschirrspülmaschine	el lavaplatos [lavaplatos]	17
geschlossen	cerrado/a [$errado/a]	40
Gesicht	la cara [kara]	5
gesund	sano [sano]	41
Getränk	la bebida [bäbida]	28
Getränke	las bebidas [bäbidas]	27
Getreide	los cereales [$ereales]	31
Geweih	la cornamenta [kornamenta]	36
Gewürze	las especias [espe$ias]	17
Gießkanne	la regadera [regadera]	10
Gipfel	el pico [piko]	37
Gipsbein	la pierna enyesada [pjerna enjesada]	36
Giraffe	la jirafa [chirafa]	29
Gitarre	la guitarra [gitarra]	12
glatt	liso/a [liso/a]	40
Glühbirne	la bombilla [bombija]	14
Gras	la hierba [järba]	34
groß	grande [grande]	40
Großmutter	la abuela [aburla]	38
Großvater	el abuelo [abuelo]	38
großer Zeiger	la aguja de las horas [agucha de las oras]	42
Gürtel	el cinturón [$inturon]	8
Gummistiefel	las botas de agua [botas de agua]	8

H

Haare	el pelo [pelo]	5
Haargummi	la goma [goma]	20
Hähnchen	el pollo [pojo]	18
hässlich	feo/a [feo/a]	41
Hafen	el puerto [puerto]	39
Hahn	el gallo [gajo]	31
halb	medio/a [medio/a]	42
Hals	el cuello [cueljo]	4
Haltestelle	la parada [parada]	22
Hamburger	la hamburguesa [amburgesa]	19
Hammer	el martillo [martiljo]	11
Hand	la mano [mano]	4
Handpuppe	el títere [titere]	12
Handschuhe	los guantes [guantes]	9
Handtuch	la toalla [toaja]	21
hart	duro [duro/a]	41
Hase	la liebre [ljebre]	34
Haus	la casa [kasa]	22
Haushaltsartikel	los artículos domésticos [artikulos domestikos]	26
Hausschuhe	las zapatillas [$apatiljas]	9
Haustür	la puerta de la casa [puärta de la kassa]	10
Heft	el cuaderno [kuadernos]	24
heiß	caliente [kaliente]	41
Hemd	la camisa [kamisa]	8
Herbst	el otoño [otonjo]	34
Herd	la cocina [ko$ina]	17
Heu	el heno [eno]	31
Himmel	el cielo [$jelo]	32
hinfallen	caer [kaer]	7
hoch	alto/a [alto/a]	41
Holz	la madera [madera]	15
Honig	la miel [mjel]	18
Hose	el pantalón [pantalon]	9
Hotel	el hotel [otel]	22
Hubschrauber	el helicóptero [elikoptero]	39
Hühnerstall	el gallinero [gajinero]	30
Huhn	la gallina [gajina]	31
Hund	el perro [perro]	30
Hundehütte	la caseta del perro [kaseta del perro]	31

I

Igel	el erizo [eri$o]	35
Imbiss	el puesto de salchichas [puesto de saltschitschas]	23
Insel	la isla [isla]	33

J

Jacke	la chaqueta [tschaketa]	8
Jäger	el cazador [ka$ador]	34
Jeans	los vaqueros [bakeros]	8
Jogurt	el yogur [jogur]	26

K

kämmen	peinarse [päinarse]	7
Känguru	el canguro [kanguro]	29
Käse	el queso [käso]	18/26
Kaffee	el café [kafe]	19
Kaffekanne	la cafetera [kafetera]	19
Kaffeemaschine	la cafetera [kafetera]	16
Kalb	el ternero [ternero]	31
kalt	frío/a [frio/a]	41
Kamel	el camello [kameljo]	29
Kamin	la chimenea [tschimenea]	15
Kaninchen	el conejo [konecho]	30
Kapitän	el capitán [kapitan]	39
Kappe	la gorra [gorra]	29
Kartenspiel	las cartas [kartas]	13
Kasse	la caja [kacha]	27
Kassette	la cinta [$inta]	14
Kassettenrekorder	el casete [kasete]	15
Kastanie	la castaña [kastanja]	34
Katze	el gato [gato]	31
Kaufhaus	los grandes almacenes [grandes alma$enes]	22
Kaufmannsladen	la tienda [tjenda]	12

Poster	el póster [poster]	12
Pullover	el jersey [chersäi]	9
Puppe	la muñeca [munjeka]	13
Puppenhaus	la casa de muñecas [kasa de munjekas]	13
Puppenwagen	el cochecito de muñecas [kotsche$ito de munjekas]	13
Puzzle	el puzzle [pu$le]	12

Q

Qualle	la medusa [medussa]	33
Quark	el requesón [rekeson]	19

R

Radiergummi	el borrador [borrador]	24
Radio	la radio [radio]	14
Rasen	el césped [$esped]	11
Rasierapparat	la máquina de afeitar [makina de afäitar]	20
Rasierwasser	la loción [lo$jon]	21
Rathaus	el ayuntamiento [ajuntamjento]	23
rau	rugoso/a [rugoso/a]	40
Rauch	el humo [umo]	37
rechnen	contar [kontar]	6
rechts	a la derecha [deretscha]	40
reden	hablar [ablar]	6
Regal	la estantería [estanteria]	13
Regenwurm	el gusano [gusano]	35
Reh	la corza [kor$a]	34
Reinigungsmittel	los detergentes [deterchentes]	26
Reis	el arroz [arro$]	19
Reißverschluss	la cremallera [kremajera]	9
Reklame	la publicidad [publi$idad]	23
rennen	correr [korrer]	6
Restaurant	el restaurante [restaurante]	23
Ring	el anillo [anijo]	9
Rock	la falda [falda]	9
Rücken	la espalda [espalda]	4

S

Saft	el zumo [$umo]	19
Sahne	la nata [nata]	27
Salat	la ensalada [ensalada]	19
Salz	la sal [sal]	18/27
Samstag	sábado [sabado]	42
Sandalen	las sandalias [sandaljas]	8
Sandeimer	el cubo [kubo]	32
Sandform	el molde para la arena [molde para la arena]	33
Sandschaufel	la pala [pala]	33
sauber	limpio/a [limpjo]	40
Schaf	la oveja [obecha]	31
Schaffner	el revisor [rebisor]	39
Schal	la bufanda [bufanda]	9
Schaumbad	el baño de espuma [banjo de espuma]	21
Schere	las tijeras [ticheras]	24
Scheune	el granero [granero]	30
schieben	empujar [empuchar]	7
Schienen	los carriles [karriles]	39
Schiff	el barco [barko]	33/37
Schlafanzug	el pijama [pichama]	8
schlafen	dormir [dormir]	6
Schlange	la serpiente [serpjente]	28
Schlitten	el trineo [trineo]	37
Schlittschuhläuferin	la patinadora sobre hielo [patinadora sobre jello]	37
Schlüsselbund	el manojo de llaves [manocho de jabes]	10
Schmetterling	la mariposa [maripossa]	29
schmutzig	sucio/a [su$io/a]	40
Schnee	la nieve [njebe]	37
Schneeball	la bola de nieve [bola de njebe]	37
Schneebesen	las varillas [bariljas]	17
Schneemann	el hombre de nieve [ombre de njebe]	36
Schneeräumfahrzeug	el vehículo quitanieves [veikulo kitanjebes]	37
Schneeschieber	la pala para quitar la nieve [pala para kitar la njebe]	36
schnell	rápido [rapido]	40
Schnitzel	el escalope [eskalope]	18
schön	bello/a [bäljo/a]	41
Schokolade	el chocolate [tschokolatte]	26
Scholle	la solla [solja]	32
Schornstein	la chimenea [tschimenea]	11
Schrank	el armario [armario]	14
Schraubenzieher	el destornillador [destornijador]	10
Schreibtisch	el escritorio [eskritorio]	13
schreien	gritar [gritar]	6
Schüler	el alumno [alumno]	25
Schülerin	la alumna [alumna]	25
Schürze	el delantal [delantal]	16
Schuhe	los zapatos [$apatos]	8
Schulbuch	el libro de texto [el libro de teksto]	25
Schulhof	el patio de la escuela [patio de la eskuela]	25
Schulranzen	la mochila [motschila]	24
Schulter	el hombro [ombro]	4
Schwamm	la esponja [esponcha]	17/24
Schwan	el cisne [$isne]	34
Schwein	el cerdo [$erdo]	30
schwer	pesado/a [pesado/a]	40
Schwimmflügel	los flotadores de brazo [flotadores de bra$o]	33
sechs	seis [säis]	43
sechzehn	dieciséis [dje$isäis]	43
See	el lago [lago]	34
Seehund	la foca [foca]	29/32
Seeigel	el erizo de mar [eri$o de mar]	32
Seetang	las algas marinas [algas marinas]	33
Segelflugzeug	el planeador [planeador]	39
Seife	el jabón [chabon]	20
Seilbahn	el teleférico teleferiko	36
Sekunde	el segundo [segundo]	42
Sekundenzeiger	el segundero [segundero]	42
Senf	la mostaza [mosta$a]	18
Sense	la guadaña [guadanja]	31
Sessel	el sillón [sijon]	10
Sieb	el colador [kolador]	16
Sieb (Sandspielzeug)	la criba [kriba]	32
sieben	siete [sjete]	43
siebzehn	diecisiete [dje$isjete]	43
singen	cantar [kantar]	6
sitzen	estar sentado/a [estar sentado]	6
Skier	los esquís [eskis]	37
Skihütte	el refugio [refuchjo]	37
Skilift	el telesquí [teleski]	36
Skistiefel	las botas de esquiar [botas de eskiar]	36
Skistöcke	los bastones de esquí [bastones de eski]	37
Snowboard	el snowboard [snobord]	36
Socken	los calcetines [kal$etines]	8
Sofa	el sofá [sofa]	14
Sommer	el verano [berano]	32
Sonderangebot	la oferta [oferta]	26
Sonnenbrille	las gafas de sol [gaffas de sol]	32
Sonntag	domingo [domingo]	42
Soße	la salsa [salsa]	19
Spagetti	los espaguetis [espagettis]	19
Spiegel	el espejo [espächo]	20
Spielbrett	el tablero [tablero]	13
spielen	jugar [chugar]	6
Spielsteine	las piezas [pje$as]	12
Spielzeugauto	el coche de juguete [kotsche de chugete]	13
Spinne	la araña [aranja]	35
springen	saltar [saltar]	6
Stadion	el estadio [estadio]	36
Stall	el establo [establo]	31
Stamm	el tronco [tronko]	35
Staubsauger	el aspirador [aspirador]	11
Steckdose	el enchufe [entschufe]	15
Steckenpferd	el caballito [kabajito]	13
stehen	estar de pie [estar de pje]	7
Stein	la piedra [pjedra]	35
Stereoanlage	el equipo de música [ekipo de musika]	14
Stewardess	la azafata [a$afata]	39
Stier	el toro [toro]	31
Stirn	la frente [frente]	5
Strand	la playa [plaja]	32
Strandkorb	el sillón de playa [siljon de plaja]	33